보왕삼매론 사경

김현준 편역

새벽숲

『보왕삼매론 사경』을 발간하면서

인생의 걸림돌을 성공의 디딤돌과 행복의 주춧돌로 만들어 주는 보왕삼매론!

모든 사람은 행복하게 살기를 원하며, 문제나 장애를 원하지 않습니다. 그러나 업보중생인 우리에게는 쉼 없이 문제들이 찾아듭니다. 싫어해도 찾아들고 미워해도 다가옵니다. 도망을 가면 더욱 악착스럽게 따라붙습니다.

과연 이 문제들을 어떻게 극복할 것인가? 무엇보다도 이 문제들을 싫어해서는 안 됩니다. 싫어하지 말고 피하지 말고 도망가지 말고, 지금 이 자리에서 걸림돌이 되는 문제들을 걸림 없는 삶의 디딤돌로 만들어야 합니다.

정녕 이 문제들을 누가 만들었습니까? 신이 주는 시련입니까? 마구니의 장난입니까? 아닙니다. 내가 만든 결과물이 나에게로 다가온 것입니다. 그야말로 인과응보입니다. 그러므로 온 마음으로 문제들을 긍정하고 문젯거리와 하나가 되어 극복을 해야 합니다. 그렇게 되면 문젯거리가 나를 결박하지 못하고, 오히려 새로운 삶의 결실을 안겨줍니다.

문제를 만났을 때 보왕삼매론을 써 보십시오. 반드시 걸림돌이 디딤돌로 바뀌는 것을 체험할 수 있을 것입니다.

지금 이 나라는 많은 어려움에 처하여 있습니다. 또한 물질적으로는 풍요로워지는데 불만은 점점 더 늘어나고, 생활하기는 편해지는데 불안감은 더욱 깊어지고 있습니다. 정신적인 스트레스가 팽배하고 마음이 매우 각박해지는 시절이 되어버린 것입니다. 바로 이러한 때에 다가오는 문제와 장애들을 스승으로 삼고, 보왕삼매론 사경을 통하여 큰 복전을 가꿀 수 있다면 이보다 더한 다행이 어디에 있겠습니까?

모두가 이 보왕삼매론 사경을 통하여 큰 기틀과 큰 행복과 큰 자유를 증득하옵기를 두 손 모아 축원드립니다.

불교신행연구원 원장 김현준 합장

· 보왕삼매론 사경의 영험

사경은 기도와 수행의 한 방법이며, 우리의 삶을 밝고 바르고 행복하게 만드는 거룩한 불사입니다. 보왕삼매론을 써 보십시오. 보왕삼매론을 입으로 외우고 손으로 쓰면서 마음에 새기면 큰 공덕이 생겨나게 됩니다.

보왕삼매론은 일상생활 또는 수행 중에 생겨나는 걸림돌을 디딤돌로 바꾸어주는 가르침입니다. 곧 시시각각으로 다가오는 삶의 문제들을 지혜롭게 수용하여 자유와 평화와 행복과 해탈을 이루는 방법을 함축성 있게 설한 것이 보왕삼매론입니다.

그리고 보왕삼매론을 계속 쓰게 되면 불보살님의 한량없는 가피가 저절로 찾아들어 마음이 편안해짐은 물론이요, 다음과 같은 소원을 품고 사경을 하면 쉽게 원성취를 할 수 있습니다.

· 생활 속의 각종 어려움을 잘 극복하고자 할 때
· 마음의 평안과 복되고 안정된 삶을 원할 때
· 업장을 녹이고 소원을 성취하고자 할 때
· 입시 등 각종 시험에 합격하기를 원할 때
· 사업의 성공과 번창을 바랄 때
· 원만한 대인관계를 이루고 존경받는 사람이 되고자 할 때
· 각종 병환과 재난으로부터 해탈하고자 할 때
· 시비·구설수 등 현실의 괴로움을 소멸시키고자 할 때
· 구하는 바를 뜻대로 이루고자 할 때
· 각종 마구니의 장애에서 벗어나고자 할 때
· 마음공부를 성취하여 보다 높은 경지에 오르고자 할 때
· 풍부한 자비심을 갖추어 마침내는 성불하고자 할 때

· 보왕삼매론 사경의 순서

1. 보왕삼매론을 쓰기 전에

① 먼저 3배를 올리고, 기본적인 축원부터 세 번 합니다.

"시방세계에 충만하신 불보살님이시여,
세세생생 지은 죄업 모두 참회합니다(잘못했습니다 3번 염송).
이제 보왕삼매론을 사경하면서 일체 중생의 행복을 축원 드리옵니다.
아울러 저희 가족 모두 늘 건강하옵고,
하는 일들이 뜻과 같이 이루어지이다."

② 이렇게 기본적인 축원을 세 번 한 다음, 꼭 성취되기를 바라는 일상의 소원들을 함께 축원하십시오. 예를 들겠습니다,

"대자대비하신 불보살님이시여, 가피를 내려 ······가 꼭 성취되게 하옵소서."

라고 합니다. 이 경우, ······에 해당되는 구체적인 소원들을 문장으로 만들어 9페이지의 '보왕삼매론 사경 발원문'란에 써 놓고, 사경하기 전과 사경을 마친 다음 세 번씩 축원을 하면 좋습니다. 이때의 축원은 어떠한 것이라도 좋습니다. 절실하거나 꼭 이루어졌으면 하는 소원들을 불보살님께 솔직하게 바치면 됩니다.

2. 보왕삼매론을 쓸 때

① 보왕삼매론을 사경할 때는 숫자나 진하게 인쇄된 글자는 쓰지 말고, 옅게 인쇄된 글자만 씁니다.

② 사경을 할 때 인쇄된 글자와 똑같은 글자체로 쓰려고 애를 쓰는 분이

있는데, 시간이 너무 오래 걸리므로 꼭 그렇게 쓸 필요는 없습니다. 인쇄된 글자를 크게 벗어나지 않는 범위 내에서 자기 필체로 쓰면 됩니다.

③ 보왕삼매론을 '그냥 한 편 쓰기만 하면 된다'는 자세가 아니라, 보왕삼매론의 가르침을 마음에 새기고 이해를 하면서 쓰는 것이 무엇보다 중요합니다. 곧 스스로의 생활에서 잘못된 점이 있었다면 반성을 하라는 것입니다. 그렇게 사경을 하게 되면 나의 삶이 바뀔 뿐 아니라, 업장참회와 소원성취는 물론이요 무량공덕까지 저절로 쌓이게 됩니다.

④ 그날 써야 할 사경의 양을 마쳤으면 다시 스스로가 만든 '나의 축원문'을 세 번 읽고 3배를 드린 다음, '대자대비하신 불보살님이시여, 감사합니다. 감사합니다. 감사합니다.'를 염하고 끝을 맺습니다.

· 사경 기간 및 횟수

① 이 사경집 한 권으로는 「보왕삼매론」을 27번 쓸 수 있으며, 4권이면 108번을 쓸 수 있습니다. 만약 꼭 이루고 싶은 특별한 소원이 있다면 하루에 3번씩 사경하는 것이 좋고, 마음을 다스리는 방법으로 쓴다면 하루에 한 번 쓰는 것이 바람직합니다.

② 인쇄된 글자 위에 억지로 덧입히며 쓰지 않고 자기 필체로 쓰게 되면 보왕삼매론을 1번 쓰는데 20분 정도 걸리며, 3번을 쓰면 60분 정도 소요됩니다.

③ 하루에 몇 번씩 얼마의 기간 동안 쓸 것인지는 일의 경중과 각자의 형편에 맞추어 스스로 판단하면 되는데, 총 108번 이상 쓸 것을 당부드립니다.

④ 만약 다른 기도를 하고 있는데 보왕삼매론 사경도 하고 싶다면, 지금 하고 있는 기도를 중단하지 말고 이 사경을 병행하는 것이 좋습니다.

⑤ 매일 쓰다가 부득이한 일이 발생하여 못 쓰게 될 경우가 있습니다. 그때는 꼭 불보살님께 못 쓰게 된 사정을 고하여, 마음속으로 '다음 날 또는 사경 기간을 하루 더 연장하여 반드시 쓰겠다'고 약속하면 됩니다.

※ 사경을 할 때는 연필·볼펜 또는 가는 수성펜 등으로 쓰는 것이 좋습니다.

※ 사경한 다음, '사경집을 어떻게 처리해야 되느냐'를 묻는 이들이 많은데, 부처님 복장에 넣는 경우가 아니라면 집에 모셔 두면 됩니다. 정성껏 쓴 사경집을 집안에 두면 불은이 충만하고 삿된 기운이 침범하지 못하게 되므로, 책꽂이 중 가장 높은 곳 또는 집안에서 좋다고 생각하는 위치에 잘 모셔 두십시오. 복덕이 가득한 사경집을 태우는 것은 큰 불경이므로, 절대로 태우지 마십시오.

깊은 믿음으로 마음을 모아 보왕삼매론을 쓰게 되면
자성삼보自性三寶와 불보살님의 가피가 반드시 함께하게 됩니다.
여법하게 잘 사경하시기를 두 손 모아 축원 드립니다.
나무마하반야바라밀

보왕삼매론 사경 발원문

시방삼세 불보살님이시여. 감사합니다. 감사합니다. 감사합니다.

부처님 잘 모시고, 불법승 삼보를 잘 받들며 살겠습니다. (3번)

개법장진언 옴 아라남 아라다 (3번)

나무 장애해탈법문 보왕삼매론 (3번)

참회진언 옴 살바못자 모지 사다야 사바하

1. 몸에 병 없기를 바라지 말라. 몸에 병이 없으면 탐욕이 생기기 쉽나니, 그러므로 대성인이 '병고로써 양약을 삼으라' 하셨느니라.

2. 세상살이에 고난 없기를 바라지 말라. 세상살이에 고난이 없으면 교만과 뽐내는 마음이 생기나니, 그러므로 대성인이 '환란으로써 해탈을 삼으라' 하셨느니라.

3. 마음공부에 장애 없기를 바라지 말라. 마음공부에 장애가 없으면 배움이 등급을 뛰어넘게 되나니, 그러므로 대성인이 '장애 속을 자유로이 거닐어라' 하셨느니라.

4. 수행하는 데 마 없기를 바라지 말라. 수행하는 데 마가 없으면 서원이 견고해지지 못하나니, 그러므로 대성인이 '마로써 수행을 돕는 벗을 삼으라' 하셨느니라.

5. 일을 꾀하되 쉽게 되기를 바라지 말라. 일이 쉽게 이루어지면 뜻이 가볍고 교만해지나니, 그러므로 대성인이 '일의 어려움을 안락으로 삼으라' 하셨느니라.

6. 정을 나누되 나에게 이롭기를 바라지 말라. 나의 이익을 바라며 정을 나누면 도의를 잃게 되나니, 그러므로 대성인이 '순결로써 밑거름을 삼으라' 하셨느니라.

7. 남이 내 뜻대로 순종해주기를 바라지 말라. 남이 내 뜻대로 순종하면 자긍심에 빠져드나니, 그러므로 대성인이 '거역하

는 이를 원림(園林 : 수행처)으로 삼으라' 하셨느니라.

8. 덕(德)을 베풀되 보답을 바라지 말라. 보답을 바라게 되면 도모하는 생각을 가지게 되나니, 그러므로 대성인이 '베푼 덕을 헌신짝처럼 버려라' 하셨느니라.

9. 이익을 분에 넘치게 바라지 말라. 이익을 바람이 분을 넘게 되면 어리석은 마음이 요동을 치나니, 그러므로 대성인이 '이익을 멀리함을 부귀로 삼으라' 하셨느니라.

10. 억울함을 당하여 자꾸 밝히려고 하지 말라. 억울함을 자꾸 밝히고자 하면 원망과 한이 무성하게 자라나니, 그러므로 대성인이 '억울함을 수행의 문으로 삼으라' 하셨느니라.

이와 같이 막히는 데서 도리어 통하고 통함을 구하는 데서 도리어 막히게 되나니, 여래께서는 이 장애 속에서 보리도를 얻었을 뿐 아니라 앙굴리마라와 제바달다의 무리가 반역의 짓을 하였는데도 그들에게 수기를 주고 교화하여 성불토록 하셨느니라.

어찌 저들의 거스름을 나의 순리로 삼지 않을 것이며, 저들의 훼방을 나의 성취로 삼지 않을 것인가.

평소에 장애를 생각해 보지 않으면 장애가 다다랐을 때 능히 이겨내지 못하여 법왕의 큰 보배를 잃게 되나니, 어찌 애석하고 슬프지 아니하랴!

원성취진언

옴 아모가 살바다라 사다야 시베 훔

참회진언 옴 살바못자 모지 사다야 사바하

1. 몸에 병 없기를 바라지 말라. 몸에 병이 없으면 탐욕이 생기기 쉽나니, 그러므로 대성인이 '병고로써 양약을 삼으라' 하셨느니라.

2. 세상살이에 고난 없기를 바라지 말라. 세상살이에 고난이 없으면 교만과 뽐내는 마음이 생기나니, 그러므로 대성인이 '환란으로써 해탈을 삼으라' 하셨느니라.

3. 마음공부에 장애 없기를 바라지 말라. 마음공부에 장애가 없으면 배움이 등급을 뛰어넘게 되나니, 그러므로 대성인이 '장애 속을 자유로이 거닐어라' 하셨느니라.

4. 수행하는 데 마 없기를 바라지 말라. 수행하는 데 마가 없으면 서원이 견고해지지 못하나니, 그러므로 대성인이 '마로써 수행을 돕는 벗을 삼으라' 하셨느니라.

5. 일을 꾀하되 쉽게 되기를 바라지 말라. 일이 쉽게 이루어지면 뜻이 가볍고 교만해지나니, 그러므로 대성인이 '일의 어려움을 안락으로 삼으라' 하셨느니라.

6. 정을 나누되 나에게 이롭기를 바라지 말라. 나의 이익을 바라며 정을 나누면 도의를 잃게 되나니, 그러므로 대성인이 '순결로써 밑거름을 삼으라' 하셨느니라.

7. 남이 내 뜻대로 순종해주기를 바라지 말라. 남이 내 뜻대로 순종하면 자긍심에 빠져드나니, 그러므로 대성인이 '거역하

는 이를 원림(園林: 수행처)으로 삼으라' 하셨느니라.

8. 덕(德)을 베풀되 보답을 바라지 말라. 보답을 바라게 되면 도모하는 생각을 가지게 되나니, 그러므로 대성인이 '베푼 덕을 헌 신짝처럼 버려라' 하셨느니라.

9. 이익을 분에 넘치게 바라지 말라. 이익을 바람이 분을 넘게 되면 어리석은 마음이 요동을 치나니, 그러므로 대성인이 '이익을 멀리함을 부귀로 삼으라' 하셨느니라.

10. 억울함을 당하여 자꾸 밝히려고 하지 말라. 억울함을 자꾸 밝히고자 하면 원망과 한이 무성하게 자라나니, 그러므로 대성인이 '억울함을 수행의 문으로 삼으라' 하셨느니라.

이와 같이 막히는 데서 도리어 통하고 통함을 구하는 데서 도리어 막히게 되나니, 여래께서는 이 장애 속에서 보리도를 얻었을 뿐 아니라 앙굴리마라와 제바달다의 무리가 반역의 짓을 하였는데도 그들에게 수기를 주고 교화하여 성불토록 하셨느니라.

어찌 저들의 거스름을 나의 순리로 삼지 않을 것이며, 저들의 훼방을 나의 성취로 삼지 않을 것인가.

평소에 장애를 생각해 보지 않으면 장애가 다다랐을 때 능히 이겨내지 못하여 법왕의 큰 보배를 잃게 되나니, 어찌 애석하고 슬프지 아니하랴!

원성취진언

옴 아모가 살바다라 사다야 시베 훔

寶王三昧論

보왕삼매론

참회진언 옴 살바못자 모지 사다야 사바하

1. 몸에 병 없기를 바라지 말라. 몸에 병이 없으면 탐욕이 생기기 쉽나니, 그러므로 대성인이 '병고로써 양약을 삼으라' 하셨느니라.

2. 세상살이에 고난 없기를 바라지 말라. 세상살이에 고난이 없으면 교만과 뽐내는 마음이 생기나니, 그러므로 대성인이 '환란으로써 해탈을 삼으라' 하셨느니라.

3. 마음공부에 장애 없기를 바라지 말라. 마음공부에 장애가 없으면 배움이 등급을 뛰어넘게 되나니, 그러므로 대성인이 '장애 속을 자유로이 거닐어라' 하셨느니라.

4. 수행하는 데 마 없기를 바라지 말라. 수행하는 데 마가 없으면 서원이 견고해지지 못하나니, 그러므로 대성인이 '마로써 수행을 돕는 벗을 삼으라' 하셨느니라.

5. 일을 꾀하되 쉽게 되기를 바라지 말라. 일이 쉽게 이루어지면 뜻이 가볍고 교만해지나니, 그러므로 대성인이 '일의 어려움을 안락으로 삼으라' 하셨느니라.

6. 정을 나누되 나에게 이롭기를 바라지 말라. 나의 이익을 바라며 정을 나누면 도의를 잃게 되나니, 그러므로 대성인이 '순결로써 밑거름을 삼으라' 하셨느니라.

7. 남이 내 뜻대로 순종해주기를 바라지 말라. 남이 내 뜻대로 순종하면 자긍심에 빠져드나니, 그러므로 대성인이 '거역하

는 이를 원림(園林: 수행처)으로 삼으라' 하셨느니라.

8. 덕(德)을 베풀되 보답을 바라지 말라. 보답을 바라게 되면 도모하는 생각을 가지게 되나니, 그러므로 대성인이 '베푼 덕을 헌신짝처럼 버려라' 하셨느니라.

9. 이익을 분에 넘치게 바라지 말라. 이익을 바람이 분을 넘게 되면 어리석은 마음이 요동을 치나니, 그러므로 대성인이 '이익을 멀리함을 부귀로 삼으라' 하셨느니라.

10. 억울함을 당하여 자꾸 밝히려고 하지 말라. 억울함을 자꾸 밝히고자 하면 원망과 한이 무성하게 자라나니, 그러므로 대성인이 '억울함을 수행의 문으로 삼으라' 하셨느니라.

이와 같이 막히는 데서 도리어 통하고 통함을 구하는 데서 도리어 막히게 되나니, 여래께서는 이 장애 속에서 보리도를 얻었을 뿐 아니라 앙굴리마라와 제바달다의 무리가 반역의 짓을 하였는데도 그들에게 수기를 주고 교화하여 성불토록 하셨느니라.

어찌 저들의 거스름을 나의 순리로 삼지 않을 것이며, 저들의 훼방을 나의 성취로 삼지 않을 것인가.

평소에 장애를 생각해 보지 않으면 장애가 다다랐을 때 능히 이겨내지 못하여 법왕의 큰 보배를 잃게 되나니, 어찌 애석하고 슬프지 아니하랴!

원성취진언

옴 아모가 살바다라 사다야 시베 훔

寶王三昧論
보왕삼매론

참회진언 옴 살바못자 모지 사다야 사바하

1. 몸에 병 없기를 바라지 말라. 몸에 병이 없으면 탐욕이 생기기 쉽나니, 그러므로 대성인이 '병고로써 양약을 삼으라' 하셨느니라.

2. 세상살이에 고난 없기를 바라지 말라. 세상살이에 고난이 없으면 교만과 뽐내는 마음이 생기나니, 그러므로 대성인이 '환란으로써 해탈을 삼으라' 하셨느니라.

3. 마음공부에 장애 없기를 바라지 말라. 마음공부에 장애가 없으면 배움이 등급을 뛰어넘게 되나니, 그러므로 대성인이 '장애 속을 자유로이 거닐어라' 하셨느니라.

4. 수행하는 데 마 없기를 바라지 말라. 수행하는 데 마가 없으면 서원이 견고해지지 못하나니, 그러므로 대성인이 '마로써 수행을 돕는 벗을 삼으라' 하셨느니라.

5. 일을 꾀하되 쉽게 되기를 바라지 말라. 일이 쉽게 이루어지면 뜻이 가볍고 교만해지나니, 그러므로 대성인이 '일의 어려움을 안락으로 삼으라' 하셨느니라.

6. 정을 나누되 나에게 이롭기를 바라지 말라. 나의 이익을 바라며 정을 나누면 도의를 잃게 되나니, 그러므로 대성인이 '순결로써 밑거름을 삼으라' 하셨느니라.

7. 남이 내 뜻대로 순종해주기를 바라지 말라. 남이 내 뜻대로 순종하면 자긍심에 빠져드나니, 그러므로 대성인이 '거역하

는 이를 원림(園林: 수행처)으로 삼으라' 하셨느니라.

8. 덕(德)을 베풀되 보답을 바라지 말라. 보답을 바라게 되면 도모하는 생각을 가지게 되나니, 그러므로 대성인이 '베푼 덕을 헌신짝처럼 버려라' 하셨느니라.

9. 이익을 분에 넘치게 바라지 말라. 이익을 바람이 분을 넘게 되면 어리석은 마음이 요동을 치나니, 그러므로 대성인이 '이익을 멀리함을 부귀로 삼으라' 하셨느니라.

10. 억울함을 당하여 자꾸 밝히려고 하지 말라. 억울함을 자꾸 밝히고자 하면 원망과 한이 무성하게 자라나나니, 그러므로 대성인이 '억울함을 수행의 문으로 삼으라'하셨느니라.

이와 같이 막히는 데서 도리어 통하고 통함을 구하는 데서 도리어 막히게 되나니, 여래께서는 이 장애 속에서 보리도를 얻었을 뿐 아니라 앙굴리마라와 제바달다의 무리가 반역의 짓을 하였는데도 그들에게 수기를 주고 교화하여 성불토록 하셨느니라.

어찌 저들의 거스름을 나의 순리로 삼지 않을 것이며, 저들의 훼방을 나의 성취로 삼지 않을 것인가.

평소에 장애를 생각해 보지 않으면 장애가 다다랐을 때 능히 이겨내지 못하여 법왕의 큰 보배를 잃게 되나니, 어찌 애석하고 슬프지 아니하랴!

원성취진언

옴 아모가 살바다라 사다야 시베 훔

참회진언 옴 살바못자 모지 사다야 사바하

1. 몸에 병 없기를 바라지 말라. 몸에 병이 없으면 탐욕이 생기기 쉽나니, 그러므로 대성인이 '병고로써 양약을 삼으라' 하셨느니라.

2. 세상살이에 고난 없기를 바라지 말라. 세상살이에 고난이 없으면 교만과 뽐내는 마음이 생기나니, 그러므로 대성인이 '환란으로써 해탈을 삼으라' 하셨느니라.

3. 마음공부에 장애 없기를 바라지 말라. 마음공부에 장애가 없으면 배움이 등급을 뛰어넘게 되나니, 그러므로 대성인이 '장애 속을 자유로이 거닐어라' 하셨느니라.

4. 수행하는 데 마 없기를 바라지 말라. 수행하는 데 마가 없으면 서원이 견고해지지 못하나니, 그러므로 대성인이 '마로써 수행을 돕는 벗을 삼으라' 하셨느니라.

5. 일을 꾀하되 쉽게 되기를 바라지 말라. 일이 쉽게 이루어지면 뜻이 가볍고 교만해지나니, 그러므로 대성인이 '일의 어려움을 안락으로 삼으라' 하셨느니라.

6. 정을 나누되 나에게 이롭기를 바라지 말라. 나의 이익을 바라며 정을 나누면 도의를 잃게 되나니, 그러므로 대성인이 '순결로써 밑거름을 삼으라' 하셨느니라.

7. 남이 내 뜻대로 순종해주기를 바라지 말라. 남이 내 뜻대로 순종하면 자긍심에 빠져드나니, 그러므로 대성인이 '거역하

는 이를 원림(園林 : 수행처)으로 삼으라' 하셨느니라.

8. 덕(德)을 베풀되 보답을 바라지 말라. 보답을 바라게 되면 도모하는 생각을 가지게 되나니, 그러므로 대성인이 '베푼 덕을 헌신짝처럼 버려라' 하셨느니라.

9. 이익을 분에 넘치게 바라지 말라. 이익을 바람이 분을 넘게 되면 어리석은 마음이 요동을 치나니, 그러므로 대성인이 '이익을 멀리함을 부귀로 삼으라' 하셨느니라.

10. 억울함을 당하여 자꾸 밝히려고 하지 말라. 억울함을 자꾸 밝히고자 하면 원망과 한이 무성하게 자라나니, 그러므로 대성인이 '억울함을 수행의 문으로 삼으라' 하셨느니라.

이와 같이 막히는 데서 도리어 통하고 통함을 구하는 데서 도리어 막히게 되나니, 여래께서는 이 장애 속에서 보리도를 얻었을 뿐 아니라 앙굴리마라와 제바달다의 무리가 반역의 짓을 하였는데도 그들에게 수기를 주고 교화하여 성불토록 하셨느니라.

어찌 저들의 거스름을 나의 순리로 삼지 않을 것이며, 저들의 훼방을 나의 성취로 삼지 않을 것인가.

평소에 장애를 생각해 보지 않으면 장애가 다다랐을 때 능히 이겨내지 못하여 법왕의 큰 보배를 잃게 되나니, 어찌 애석하고 슬프지 아니하랴!

원성취진언

옴 아모가 살바다라 사다야 시베 훔

참회진언 옴 살바못자 모지 사다야 사바하

1. 몸에 병 없기를 바라지 말라. 몸에 병이 없으면 탐욕이 생기기 쉽나니, 그러므로 대성인이 '병고로써 양약을 삼으라' 하셨느니라.

2. 세상살이에 고난 없기를 바라지 말라. 세상살이에 고난이 없으면 교만과 뽐내는 마음이 생기나니, 그러므로 대성인이 '환란으로써 해탈을 삼으라' 하셨느니라.

3. 마음공부에 장애 없기를 바라지 말라. 마음공부에 장애가 없으면 배움이 등급을 뛰어넘게 되나니, 그러므로 대성인이 '장애 속을 자유로이 거닐어라' 하셨느니라.

4. 수행하는 데 마 없기를 바라지 말라. 수행하는 데 마가 없으면 서원이 견고해지지 못하나니, 그러므로 대성인이 '마로써 수행을 돕는 벗을 삼으라' 하셨느니라.

5. 일을 꾀하되 쉽게 되기를 바라지 말라. 일이 쉽게 이루어지면 뜻이 가볍고 교만해지나니, 그러므로 대성인이 '일의 어려움을 안락으로 삼으라' 하셨느니라.

6. 정을 나누되 나에게 이롭기를 바라지 말라. 나의 이익을 바라며 정을 나누면 도의를 잃게 되나니, 그러므로 대성인이 '순결로써 밑거름을 삼으라' 하셨느니라.

7. 남이 내 뜻대로 순종해주기를 바라지 말라. 남이 내 뜻대로 순종하면 자긍심에 빠져드나니, 그러므로 대성인이 '거역하

는 이를 원림(園林 : 수행처)으로 삼으라' 하셨느니라.

8. 덕(德)을 베풀되 보답을 바라지 말라. 보답을 바라게 되면 도모하는 생각을 가지게 되나니, 그러므로 대성인이 '베푼 덕을 헌신짝처럼 버려라' 하셨느니라.

9. 이익을 분에 넘치게 바라지 말라. 이익을 바람이 분을 넘게 되면 어리석은 마음이 요동을 치나니, 그러므로 대성인이 '이익을 멀리함을 부귀로 삼으라' 하셨느니라.

10. 억울함을 당하여 자꾸 밝히려고 하지 말라. 억울함을 자꾸 밝히고자 하면 원망과 한이 무성하게 자라나니, 그러므로 대성인이 '억울함을 수행의 문으로 삼으라' 하셨느니라.

이와 같이 막히는 데서 도리어 통하고 통함을 구하는 데서 도리어 막히게 되나니, 여래께서는 이 장애 속에서 보리도를 얻었을 뿐 아니라 앙굴리마라와 제바달다의 무리가 반역의 짓을 하였는데도 그들에게 수기를 주고 교화하여 성불토록 하셨느니라.

어찌 저들의 거스름을 나의 순리로 삼지 않을 것이며, 저들의 훼방을 나의 성취로 삼지 않을 것인가.

평소에 장애를 생각해 보지 않으면 장애가 다다랐을 때 능히 이겨내지 못하여 법왕의 큰 보배를 잃게 되나니, 어찌 애석하고 슬프지 아니하랴!

원성취진언

옴 아모가 살바다라 사다야 시베 훔

寶王三昧論

보왕삼매론

참회진언 옴 살바못자 모지 사다야 사바하

1. 몸에 병 없기를 바라지 말라. 몸에 병이 없으면 탐욕이 생기기 쉽나니, 그러므로 대성인이 '병고로써 양약을 삼으라' 하셨느니라.

2. 세상살이에 고난 없기를 바라지 말라. 세상살이에 고난이 없으면 교만과 뽐내는 마음이 생기나니, 그러므로 대성인이 '환란으로써 해탈을 삼으라' 하셨느니라.

3. 마음공부에 장애 없기를 바라지 말라. 마음공부에 장애가 없으면 배움이 등급을 뛰어넘게 되나니, 그러므로 대성인이 '장애 속을 자유로이 거닐어라' 하셨느니라.

4. 수행하는 데 마 없기를 바라지 말라. 수행하는 데 마가 없으면 서원이 견고해지지 못하나니, 그러므로 대성인이 '마로써 수행을 돕는 벗을 삼으라' 하셨느니라.

5. 일을 꾀하되 쉽게 되기를 바라지 말라. 일이 쉽게 이루어지면 뜻이 가볍고 교만해지나니, 그러므로 대성인이 '일의 어려움을 안락으로 삼으라' 하셨느니라.

6. 정을 나누되 나에게 이롭기를 바라지 말라. 나의 이익을 바라며 정을 나누면 도의를 잃게 되나니, 그러므로 대성인이 '순결로써 밑거름을 삼으라' 하셨느니라.

7. 남이 내 뜻대로 순종해주기를 바라지 말라. 남이 내 뜻대로 순종하면 자긍심에 빠져드나니, 그러므로 대성인이 '거역하

는 이를 원림(園林: 수행처)으로 삼으라' 하셨느니라.

8. 덕(德)을 베풀되 보답을 바라지 말라. 보답을 바라게 되면 도모하는 생각을 가지게 되나니, 그러므로 대성인이 '베푼 덕을 헌신짝처럼 버려라' 하셨느니라.

9. 이익을 분에 넘치게 바라지 말라. 이익을 바람이 분을 넘게 되면 어리석은 마음이 요동을 치나니, 그러므로 대성인이 '이익을 멀리함을 부귀로 삼으라' 하셨느니라.

10. 억울함을 당하여 자꾸 밝히려고 하지 말라. 억울함을 자꾸 밝히고자 하면 원망과 한이 무성하게 자라나니, 그러므로 대성인이 '억울함을 수행의 문으로 삼으라' 하셨느니라.

이와 같이 막히는 데서 도리어 통하고 통함을 구하는 데서 도리어 막히게 되나니, 여래께서는 이 장애 속에서 보리도를 얻었을 뿐 아니라 앙굴리마라와 제바달다의 무리가 반역의 짓을 하였는데도 그들에게 수기를 주고 교화하여 성불토록 하셨느니라.

어찌 저들의 거스름을 나의 순리로 삼지 않을 것이며, 저들의 훼방을 나의 성취로 삼지 않을 것인가.

평소에 장애를 생각해 보지 않으면 장애가 다다랐을 때 능히 이겨내지 못하여 법왕의 큰 보배를 잃게 되나니, 어찌 애석하고 슬프지 아니하랴!

원성취진언

옴 아모가 살바다라 사다야 시베 훔

보왕삼매론 제 권 제7회 사경 불기 25 년 월 일

참회진언 옴 살바못자 모지 사다야 사바하

1. 몸에 병 없기를 바라지 말라. 몸에 병이 없으면 탐욕이 생기기 쉽나니, 그러므로 대성인이 '병고로써 양약을 삼으라' 하셨느니라.

2. 세상살이에 고난 없기를 바라지 말라. 세상살이에 고난이 없으면 교만과 뽐내는 마음이 생기나니, 그러므로 대성인이 '환란으로써 해탈을 삼으라' 하셨느니라.

3. 마음공부에 장애 없기를 바라지 말라. 마음공부에 장애가 없으면 배움이 등급을 뛰어넘게 되나니, 그러므로 대성인이 '장애 속을 자유로이 거닐어라' 하셨느니라.

4. 수행하는 데 마 없기를 바라지 말라. 수행하는 데 마가 없으면 서원이 견고해지지 못하나니, 그러므로 대성인이 '마로써 수행을 돕는 벗을 삼으라' 하셨느니라.

5. 일을 꾀하되 쉽게 되기를 바라지 말라. 일이 쉽게 이루어지면 뜻이 가볍고 교만해지나니, 그러므로 대성인이 '일의 어려움을 안락으로 삼으라' 하셨느니라.

6. 정을 나누되 나에게 이롭기를 바라지 말라. 나의 이익을 바라며 정을 나누면 도의를 잃게 되나니, 그러므로 대성인이 '순결로써 밑거름을 삼으라' 하셨느니라.

7. 남이 내 뜻대로 순종해주기를 바라지 말라. 남이 내 뜻대로 순종하면 자긍심에 빠져드나니, 그러므로 대성인이 '거역하

는 이를 원림(園林: 수행처)으로 삼으라' 하셨느니라.

8. 덕(德)을 베풀되 보답을 바라지 말라. 보답을 바라게 되면 도모하는 생각을 가지게 되나니, 그러므로 대성인이 '베푼 덕을 헌 신짝처럼 버려라' 하셨느니라.

9. 이익을 분에 넘치게 바라지 말라. 이익을 바람이 분을 넘게 되면 어리석은 마음이 요동을 치나니, 그러므로 대성인이 '이익을 멀리함을 부귀로 삼으라' 하셨느니라.

10. 억울함을 당하여 자꾸 밝히려고 하지 말라. 억울함을 자꾸 밝히고자 하면 원망과 한이 무성하게 자라나니, 그러므로 대성인이 '억울함을 수행의 문으로 삼으라' 하셨느니라.

이와 같이 막히는 데서 도리어 통하고 통함을 구하는 데서 도리어 막히게 되나니, 여래께서는 이 장애 속에서 보리도를 얻었을 뿐 아니라 앙굴리마라와 제바달다의 무리가 반역의 짓을 하였는데도 그들에게 수기를 주고 교화하여 성불토록 하셨느니라.

어찌 저들의 거스름을 나의 순리로 삼지 않을 것이며, 저들의 훼방을 나의 성취로 삼지 않을 것인가.

평소에 장애를 생각해 보지 않으면 장애가 다다랐을 때 능히 이겨내지 못하여 법왕의 큰 보배를 잃게 되나니, 어찌 애석하고 슬프지 아니하랴!

원성취진언

옴 아모가 살바다라 사다야 시베 훔

참회진언 옴 살바못자 모지 사다야 사바하

1. 몸에 병 없기를 바라지 말라. 몸에 병이 없으면 탐욕이 생기기 쉽나니, 그러므로 대성인이 '병고로써 양약을 삼으라' 하셨느니라.

2. 세상살이에 고난 없기를 바라지 말라. 세상살이에 고난이 없으면 교만과 뽐내는 마음이 생기나니, 그러므로 대성인이 '환란으로써 해탈을 삼으라' 하셨느니라.

3. 마음공부에 장애 없기를 바라지 말라. 마음공부에 장애가 없으면 배움이 등급을 뛰어넘게 되나니, 그러므로 대성인이 '장애 속을 자유로이 거닐어라' 하셨느니라.

4. 수행하는 데 마 없기를 바라지 말라. 수행하는 데 마가 없으면 서원이 견고해지지 못하나니, 그러므로 대성인이 '마로써 수행을 돕는 벗을 삼으라' 하셨느니라.

5. 일을 꾀하되 쉽게 되기를 바라지 말라. 일이 쉽게 이루어지면 뜻이 가볍고 교만해지나니, 그러므로 대성인이 '일의 어려움을 안락으로 삼으라' 하셨느니라.

6. 정을 나누되 나에게 이롭기를 바라지 말라. 나의 이익을 바라며 정을 나누면 도의를 잃게 되나니, 그러므로 대성인이 '순결로써 밑거름을 삼으라' 하셨느니라.

7. 남이 내 뜻대로 순종해주기를 바라지 말라. 남이 내 뜻대로 순종하면 자긍심에 빠져드나니, 그러므로 대성인이 '거역하

는 이를 원림(園林 : 수행처)으로 삼으라' 하셨느니라.

8. 덕(德)을 베풀되 보답을 바라지 말라. 보답을 바라게 되면 도모하는 생각을 가지게 되나니, 그러므로 대성인이 '베푼 덕을 헌 신짝처럼 버려라' 하셨느니라.

9. 이익을 분에 넘치게 바라지 말라. 이익을 바람이 분을 넘게 되면 어리석은 마음이 요동을 치나니, 그러므로 대성인이 '이익을 멀리함을 부귀로 삼으라' 하셨느니라.

10. 억울함을 당하여 자꾸 밝히려고 하지 말라. 억울함을 자꾸 밝히고자 하면 원망과 한이 무성하게 자라나니, 그러므로 대성인이 '억울함을 수행의 문으로 삼으라' 하셨느니라.

이와 같이 막히는 데서 도리어 통하고 통함을 구하는 데서 도리어 막히게 되나니, 여래께서는 이 장애 속에서 보리도를 얻었을 뿐 아니라 앙굴리마라와 제바달다의 무리가 반역의 짓을 하였는데도 그들에게 수기를 주고 교화하여 성불토록 하셨느니라.

어찌 저들의 거스름을 나의 순리로 삼지 않을 것이며, 저들의 훼방을 나의 성취로 삼지 않을 것인가.

평소에 장애를 생각해 보지 않으면 장애가 다다랐을 때 능히 이겨내지 못하여 법왕의 큰 보배를 잃게 되나니, 어찌 애석하고 슬프지 아니하랴!

원성취진언

옴 아모가 살바다라 사다야 시베 훔

보왕삼매론 제 권 제9회 사경 불기 25 년 월 일

참회진언 옴 살바못자 모지 사다야 사바하

1. 몸에 병 없기를 바라지 말라. 몸에 병이 없으면 탐욕이 생기기 쉽나니, 그러므로 대성인이 '병고로써 양약을 삼으라' 하셨느니라.

2. 세상살이에 고난 없기를 바라지 말라. 세상살이에 고난이 없으면 교만과 뽐내는 마음이 생기나니, 그러므로 대성인이 '환란으로써 해탈을 삼으라' 하셨느니라.

3. 마음공부에 장애 없기를 바라지 말라. 마음공부에 장애가 없으면 배움이 등급을 뛰어넘게 되나니, 그러므로 대성인이 '장애 속을 자유로이 거닐어라' 하셨느니라.

4. 수행하는 데 마 없기를 바라지 말라. 수행하는 데 마가 없으면 서원이 견고해지지 못하나니, 그러므로 대성인이 '마로써 수행을 돕는 벗을 삼으라' 하셨느니라.

5. 일을 꾀하되 쉽게 되기를 바라지 말라. 일이 쉽게 이루어지면 뜻이 가볍고 교만해지나니, 그러므로 대성인이 '일의 어려움을 안락으로 삼으라' 하셨느니라.

6. 정을 나누되 나에게 이롭기를 바라지 말라. 나의 이익을 바라며 정을 나누면 도의를 잃게 되나니, 그러므로 대성인이 '순결로써 밑거름을 삼으라' 하셨느니라.

7. 남이 내 뜻대로 순종해주기를 바라지 말라. 남이 내 뜻대로 순종하면 자긍심에 빠져드나니, 그러므로 대성인이 '거역하

는 이를 원림(園林: 수행처)으로 삼으라' 하셨느니라.

8. 덕(德)을 베풀되 보답을 바라지 말라. 보답을 바라게 되면 도모하는 생각을 가지게 되나니, 그러므로 대성인이 '베푼 덕을 헌신짝처럼 버려라' 하셨느니라.

9. 이익을 분에 넘치게 바라지 말라. 이익을 바람이 분을 넘게 되면 어리석은 마음이 요동을 치나니, 그러므로 대성인이 '이익을 멀리함을 부귀로 삼으라' 하셨느니라.

10. 억울함을 당하여 자꾸 밝히려고 하지 말라. 억울함을 자꾸 밝히고자 하면 원망과 한이 무성하게 자라나니, 그러므로 대성인이 '억울함을 수행의 문으로 삼으라'하셨느니라.

이와 같이 막히는 데서 도리어 통하고 통함을 구하는 데서 도리어 막히게 되나니, 여래께서는 이 장애 속에서 보리도를 얻었을 뿐 아니라 앙굴리마라와 제바달다의 무리가 반역의 짓을 하였는데도 그들에게 수기를 주고 교화하여 성불토록 하셨느니라.

어찌 저들의 거스름을 나의 순리로 삼지 않을 것이며, 저들의 훼방을 나의 성취로 삼지 않을 것인가.

평소에 장애를 생각해 보지 않으면 장애가 다다랐을 때 능히 이겨내지 못하여 법왕의 큰 보배를 잃게 되나니, 어찌 애석하고 슬프지 아니하랴!

원성취진언

옴 아모가 살바다라 사다야 시베 훔

寶 王 三 昧 論

보왕삼매론

참회진언 옴 살바못자 모지 사다야 사바하

1. 몸에 병 없기를 바라지 말라. 몸에 병이 없으면 탐욕이 생기기 쉽나니, 그러므로 대성인이 '병고로써 양약을 삼으라' 하셨느니라.

2. 세상살이에 고난 없기를 바라지 말라. 세상살이에 고난이 없으면 교만과 뽐내는 마음이 생기나니, 그러므로 대성인이 '환란으로써 해탈을 삼으라' 하셨느니라.

3. 마음공부에 장애 없기를 바라지 말라. 마음공부에 장애가 없으면 배움이 등급을 뛰어넘게 되나니, 그러므로 대성인이 '장애 속을 자유로이 거닐어라' 하셨느니라.

4. 수행하는 데 마 없기를 바라지 말라. 수행하는 데 마가 없으면 서원이 견고해지지 못하나니, 그러므로 대성인이 '마로써 수행을 돕는 벗을 삼으라' 하셨느니라.

5. 일을 꾀하되 쉽게 되기를 바라지 말라. 일이 쉽게 이루어지면 뜻이 가볍고 교만해지나니, 그러므로 대성인이 '일의 어려움을 안락으로 삼으라' 하셨느니라.

6. 정을 나누되 나에게 이롭기를 바라지 말라. 나의 이익을 바라며 정을 나누면 도의를 잃게 되나니, 그러므로 대성인이 '순결로써 밑거름을 삼으라' 하셨느니라.

7. 남이 내 뜻대로 순종해주기를 바라지 말라. 남이 내 뜻대로 순종하면 자긍심에 빠져드나니, 그러므로 대성인이 '거역하

는 이를 원림(園林: 수행처)으로 삼으라' 하셨느니라.

8. 덕(德)을 베풀되 보답을 바라지 말라. 보답을 바라게 되면 도모하는 생각을 가지게 되나니, 그러므로 대성인이 '베푼 덕을 헌 신짝처럼 버려라' 하셨느니라.

9. 이익을 분에 넘치게 바라지 말라. 이익을 바람이 분을 넘게 되면 어리석은 마음이 요동을 치나니, 그러므로 대성인이 '이익을 멀리함을 부귀로 삼으라' 하셨느니라.

10. 억울함을 당하여 자꾸 밝히려고 하지 말라. 억울함을 자꾸 밝히고자 하면 원망과 한이 무성하게 자라나니, 그러므로 대성인이 '억울함을 수행의 문으로 삼으라' 하셨느니라.

이와 같이 막히는 데서 도리어 통하고 통함을 구하는 데서 도리어 막히게 되나니, 여래께서는 이 장애 속에서 보리도를 얻었을 뿐 아니라 앙굴리마라와 제바달다의 무리가 반역의 짓을 하였는데도 그들에게 수기를 주고 교화하여 성불토록 하셨느니라.

어찌 저들의 거스름을 나의 순리로 삼지 않을 것이며, 저들의 훼방을 나의 성취로 삼지 않을 것인가.

평소에 장애를 생각해 보지 않으면 장애가 다다랐을 때 능히 이겨내지 못하여 법왕의 큰 보배를 잃게 되나니, 어찌 애석하고 슬프지 아니하랴!

원성취진언

옴 아모가 살바다라 사다야 시베 훔

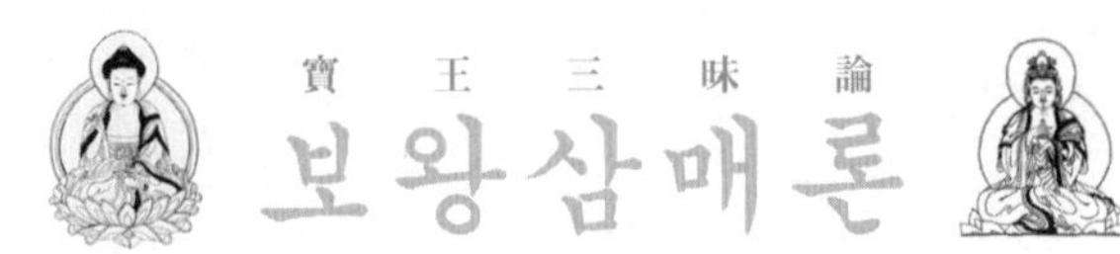

참회진언 옴 살바못자 모지 사다야 사바하

1. 몸에 병 없기를 바라지 말라. 몸에 병이 없으면 탐욕이 생기기 쉽나니, 그러므로 대성인이 '병고로써 양약을 삼으라' 하셨느니라.

2. 세상살이에 고난 없기를 바라지 말라. 세상살이에 고난이 없으면 교만과 뽐내는 마음이 생기나니, 그러므로 대성인이 '환란으로써 해탈을 삼으라' 하셨느니라.

3. 마음공부에 장애 없기를 바라지 말라. 마음공부에 장애가 없으면 배움이 등급을 뛰어넘게 되나니, 그러므로 대성인이 '장애 속을 자유로이 거닐어라' 하셨느니라.

4. 수행하는 데 마 없기를 바라지 말라. 수행하는 데 마가 없으면 서원이 견고해지지 못하나니, 그러므로 대성인이 '마로써 수행을 돕는 벗을 삼으라' 하셨느니라.

5. 일을 꾀하되 쉽게 되기를 바라지 말라. 일이 쉽게 이루어지면 뜻이 가볍고 교만해지나니, 그러므로 대성인이 '일의 어려움을 안락으로 삼으라' 하셨느니라.

6. 정을 나누되 나에게 이롭기를 바라지 말라. 나의 이익을 바라며 정을 나누면 도의를 잃게 되나니, 그러므로 대성인이 '순결로써 밑거름을 삼으라' 하셨느니라.

7. 남이 내 뜻대로 순종해주기를 바라지 말라. 남이 내 뜻대로 순종하면 자긍심에 빠져드나니, 그러므로 대성인이 '거역하

는 이를 원림(園林: 수행처)으로 삼으라' 하셨느니라.

8. 덕(德)을 베풀되 보답을 바라지 말라. 보답을 바라게 되면 도모하는 생각을 가지게 되나니, 그러므로 대성인이 '베푼 덕을 헌 신짝처럼 버려라' 하셨느니라.

9. 이익을 분에 넘치게 바라지 말라. 이익을 바람이 분을 넘게 되면 어리석은 마음이 요동을 치나니, 그러므로 대성인이 '이익을 멀리함을 부귀로 삼으라' 하셨느니라.

10. 억울함을 당하여 자꾸 밝히려고 하지 말라. 억울함을 자꾸 밝히고자 하면 원망과 한이 무성하게 자라나니, 그러므로 대성인이 '억울함을 수행의 문으로 삼으라' 하셨느니라.

이와 같이 막히는 데서 도리어 통하고 통함을 구하는 데서 도리어 막히게 되나니, 여래께서는 이 장애 속에서 보리도를 얻었을 뿐 아니라 앙굴리마라와 제바달다의 무리가 반역의 짓을 하였는데도 그들에게 수기를 주고 교화하여 성불토록 하셨느니라.

어찌 저들의 거스름을 나의 순리로 삼지 않을 것이며, 저들의 훼방을 나의 성취로 삼지 않을 것인가.

평소에 장애를 생각해 보지 않으면 장애가 다다랐을 때 능히 이겨내지 못하여 법왕의 큰 보배를 잃게 되나니, 어찌 애석하고 슬프지 아니하랴!

원성취진언

옴 아모가 살바다라 사다야 시베 훔

寶王三昧論

보왕삼매론

참회진언 옴 살바못자 모지 사다야 사바하

1. 몸에 병 없기를 바라지 말라. 몸에 병이 없으면 탐욕이 생기기 쉽나니, 그러므로 대성인이 '병고로써 양약을 삼으라' 하셨느니라.

2. 세상살이에 고난 없기를 바라지 말라. 세상살이에 고난이 없으면 교만과 뽐내는 마음이 생기나니, 그러므로 대성인이 '환란으로써 해탈을 삼으라' 하셨느니라.

3. 마음공부에 장애 없기를 바라지 말라. 마음공부에 장애가 없으면 배움이 등급을 뛰어넘게 되나니, 그러므로 대성인이 '장애 속을 자유로이 거닐어라' 하셨느니라.

4. 수행하는 데 마 없기를 바라지 말라. 수행하는 데 마가 없으면 서원이 견고해지지 못하나니, 그러므로 대성인이 '마로써 수행을 돕는 벗을 삼으라' 하셨느니라.

5. 일을 꾀하되 쉽게 되기를 바라지 말라. 일이 쉽게 이루어지면 뜻이 가볍고 교만해지나니, 그러므로 대성인이 '일의 어려움을 안락으로 삼으라' 하셨느니라.

6. 정을 나누되 나에게 이롭기를 바라지 말라. 나의 이익을 바라며 정을 나누면 도의를 잃게 되나니, 그러므로 대성인이 '순결로써 밑거름을 삼으라' 하셨느니라.

7. 남이 내 뜻대로 순종해주기를 바라지 말라. 남이 내 뜻대로 순종하면 자긍심에 빠져드나니, 그러므로 대성인이 '거역하

는 이를 원림(園林 : 수행처)으로 삼으라' 하셨느니라.

8. 덕(德)을 베풀되 보답을 바라지 말라. 보답을 바라게 되면 도모하는 생각을 가지게 되나니, 그러므로 대성인이 '베푼 덕을 헌신짝처럼 버려라' 하셨느니라.

9. 이익을 분에 넘치게 바라지 말라. 이익을 바람이 분을 넘게 되면 어리석은 마음이 요동을 치나니, 그러므로 대성인이 '이익을 멀리함을 부귀로 삼으라' 하셨느니라.

10. 억울함을 당하여 자꾸 밝히려고 하지 말라. 억울함을 자꾸 밝히고자 하면 원망과 한이 무성하게 자라나니, 그러므로 대성인이 '억울함을 수행의 문으로 삼으라' 하셨느니라.

이와 같이 막히는 데서 도리어 통하고 통함을 구하는 데서 도리어 막히게 되나니, 여래께서는 이 장애 속에서 보리도를 얻었을 뿐 아니라 앙굴리마라와 제바달다의 무리가 반역의 짓을 하였는데도 그들에게 수기를 주고 교화하여 성불토록 하셨느니라.

어찌 저들의 거스름을 나의 순리로 삼지 않을 것이며, 저들의 훼방을 나의 성취로 삼지 않을 것인가.

평소에 장애를 생각해 보지 않으면 장애가 다다랐을 때 능히 이겨내지 못하여 법왕의 큰 보배를 잃게 되나니, 어찌 애석하고 슬프지 아니하랴!

원성취진언

옴 아모가 살바다라 사다야 시베 훔

참회진언 옴 살바못자 모지 사다야 사바하

1. 몸에 병 없기를 바라지 말라. 몸에 병이 없으면 탐욕이 생기기 쉽나니, 그러므로 대성인이 '병고로써 양약을 삼으라' 하셨느니라.

2. 세상살이에 고난 없기를 바라지 말라. 세상살이에 고난이 없으면 교만과 뽐내는 마음이 생기나니, 그러므로 대성인이 '환란으로써 해탈을 삼으라' 하셨느니라.

3. 마음공부에 장애 없기를 바라지 말라. 마음공부에 장애가 없으면 배움이 등급을 뛰어넘게 되나니, 그러므로 대성인이 '장애 속을 자유로이 거닐어라' 하셨느니라.

4. 수행하는 데 마 없기를 바라지 말라. 수행하는 데 마가 없으면 서원이 견고해지지 못하나니, 그러므로 대성인이 '마로써 수행을 돕는 벗을 삼으라' 하셨느니라.

5. 일을 꾀하되 쉽게 되기를 바라지 말라. 일이 쉽게 이루어지면 뜻이 가볍고 교만해지나니, 그러므로 대성인이 '일의 어려움을 안락으로 삼으라' 하셨느니라.

6. 정을 나누되 나에게 이롭기를 바라지 말라. 나의 이익을 바라며 정을 나누면 도의를 잃게 되나니, 그러므로 대성인이 '순결로써 밑거름을 삼으라' 하셨느니라.

7. 남이 내 뜻대로 순종해주기를 바라지 말라. 남이 내 뜻대로 순종하면 자긍심에 빠져드나니, 그러므로 대성인이 '거역하

는 이를 원림(園林: 수행처)으로 삼으라' 하셨느니라.

8. 덕(德)을 베풀되 보답을 바라지 말라. 보답을 바라게 되면 도모하는 생각을 가지게 되나니, 그러므로 대성인이 '베푼 덕을 헌 신짝처럼 버려라' 하셨느니라.

9. 이익을 분에 넘치게 바라지 말라. 이익을 바람이 분을 넘게 되면 어리석은 마음이 요동을 치나니, 그러므로 대성인이 '이익을 멀리함을 부귀로 삼으라' 하셨느니라.

10. 억울함을 당하여 자꾸 밝히려고 하지 말라. 억울함을 자꾸 밝히고자 하면 원망과 한이 무성하게 자라나니, 그러므로 대성인이 '억울함을 수행의 문으로 삼으라' 하셨느니라.

이와 같이 막히는 데서 도리어 통하고 통함을 구하는 데서 도리어 막히게 되나니, 여래께서는 이 장애 속에서 보리도를 얻었을 뿐 아니라 앙굴리마라와 제바달다의 무리가 반역의 짓을 하였는데도 그들에게 수기를 주고 교화하여 성불토록 하셨느니라.

어찌 저들의 거스름을 나의 순리로 삼지 않을 것이며, 저들의 훼방을 나의 성취로 삼지 않을 것인가.

평소에 장애를 생각해 보지 않으면 장애가 다다랐을 때 능히 이겨내지 못하여 법왕의 큰 보배를 잃게 되나니, 어찌 애석하고 슬프지 아니하랴!

원성취진언

옴 아모가 살바다라 사다야 시베 훔

寶 王 三 昧 論
보왕삼매론

참회진언 옴 살바못자 모지 사다야 사바하

1. 몸에 병 없기를 바라지 말라. 몸에 병이 없으면 탐욕이 생기기 쉽나니, 그러므로 대성인이 '병고로써 양약을 삼으라' 하셨느니라.

2. 세상살이에 고난 없기를 바라지 말라. 세상살이에 고난이 없으면 교만과 뽐내는 마음이 생기나니, 그러므로 대성인이 '환란으로써 해탈을 삼으라' 하셨느니라.

3. 마음공부에 장애 없기를 바라지 말라. 마음공부에 장애가 없으면 배움이 등급을 뛰어넘게 되나니, 그러므로 대성인이 '장애 속을 자유로이 거닐어라' 하셨느니라.

4. 수행하는 데 마 없기를 바라지 말라. 수행하는 데 마가 없으면 서원이 견고해지지 못하나니, 그러므로 대성인이 '마로써 수행을 돕는 벗을 삼으라' 하셨느니라.

5. 일을 꾀하되 쉽게 되기를 바라지 말라. 일이 쉽게 이루어지면 뜻이 가볍고 교만해지나니, 그러므로 대성인이 '일의 어려움을 안락으로 삼으라' 하셨느니라.

6. 정을 나누되 나에게 이롭기를 바라지 말라. 나의 이익을 바라며 정을 나누면 도의를 잃게 되나니, 그러므로 대성인이 '순결로써 밑거름을 삼으라' 하셨느니라.

7. 남이 내 뜻대로 순종해주기를 바라지 말라. 남이 내 뜻대로 순종하면 자긍심에 빠져드나니, 그러므로 대성인이 '거역하

는 이를 원림(園林: 수행처)으로 삼으라' 하셨느니라.

8. 덕(德)을 베풀되 보답을 바라지 말라. 보답을 바라게 되면 도모하는 생각을 가지게 되나니, 그러므로 대성인이 '베푼 덕을 헌신짝처럼 버려라' 하셨느니라.

9. 이익을 분에 넘치게 바라지 말라. 이익을 바람이 분을 넘게 되면 어리석은 마음이 요동을 치나니, 그러므로 대성인이 '이익을 멀리함을 부귀로 삼으라' 하셨느니라.

10. 억울함을 당하여 자꾸 밝히려고 하지 말라. 억울함을 자꾸 밝히고자 하면 원망과 한이 무성하게 자라나니, 그러므로 대성인이 '억울함을 수행의 문으로 삼으라'하셨느니라.

이와 같이 막히는 데서 도리어 통하고 통함을 구하는 데서 도리어 막히게 되나니, 여래께서는 이 장애 속에서 보리도를 얻었을 뿐 아니라 앙굴리마라와 제바달다의 무리가 반역의 짓을 하였는데도 그들에게 수기를 주고 교화하여 성불토록 하셨느니라.

어찌 저들의 거스름을 나의 순리로 삼지 않을 것이며, 저들의 훼방을 나의 성취로 삼지 않을 것인가.

평소에 장애를 생각해 보지 않으면 장애가 다다랐을 때 능히 이겨내지 못하여 법왕의 큰 보배를 잃게 되나니, 어찌 애석하고 슬프지 아니하랴!

원성취진언

옴 아모가 살바다라 사다야 시베 훔

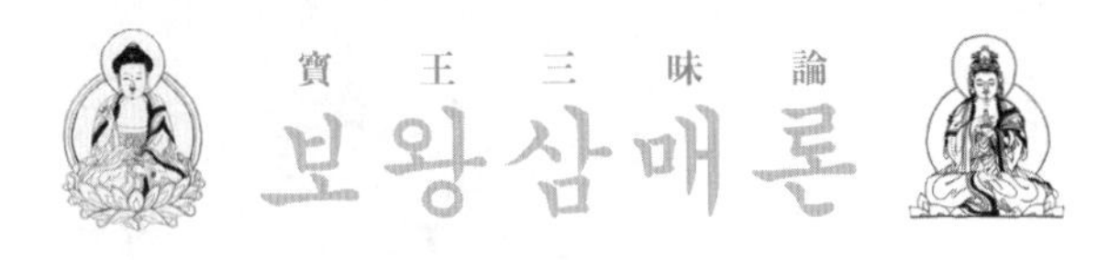

참회진언 옴 살바못자 모지 사다야 사바하

1. 몸에 병 없기를 바라지 말라. 몸에 병이 없으면 탐욕이 생기기 쉽나니, 그러므로 대성인이 '병고로써 양약을 삼으라' 하셨느니라.

2. 세상살이에 고난 없기를 바라지 말라. 세상살이에 고난이 없으면 교만과 뽐내는 마음이 생기나니, 그러므로 대성인이 '환란으로써 해탈을 삼으라' 하셨느니라.

3. 마음공부에 장애 없기를 바라지 말라. 마음공부에 장애가 없으면 배움이 등급을 뛰어넘게 되나니, 그러므로 대성인이 '장애 속을 자유로이 거닐어라' 하셨느니라.

4. 수행하는 데 마 없기를 바라지 말라. 수행하는 데 마가 없으면 서원이 견고해지지 못하나니, 그러므로 대성인이 '마로써 수행을 돕는 벗을 삼으라' 하셨느니라.

5. 일을 꾀하되 쉽게 되기를 바라지 말라. 일이 쉽게 이루어지면 뜻이 가볍고 교만해지나니, 그러므로 대성인이 '일의 어려움을 안락으로 삼으라' 하셨느니라.

6. 정을 나누되 나에게 이롭기를 바라지 말라. 나의 이익을 바라며 정을 나누면 도의를 잃게 되나니, 그러므로 대성인이 '순결로써 밑거름을 삼으라' 하셨느니라.

7. 남이 내 뜻대로 순종해주기를 바라지 말라. 남이 내 뜻대로 순종하면 자긍심에 빠져드나니, 그러므로 대성인이 '거역하

는 이를 원림(園林: 수행처)으로 삼으라' 하셨느니라.

8. 덕(德)을 베풀되 보답을 바라지 말라. 보답을 바라게 되면 도모하는 생각을 가지게 되나니, 그러므로 대성인이 '베푼 덕을 헌신짝처럼 버려라' 하셨느니라.

9. 이익을 분에 넘치게 바라지 말라. 이익을 바람이 분을 넘게 되면 어리석은 마음이 요동을 치나니, 그러므로 대성인이 '이익을 멀리함을 부귀로 삼으라' 하셨느니라.

10. 억울함을 당하여 자꾸 밝히려고 하지 말라. 억울함을 자꾸 밝히고자 하면 원망과 한이 무성하게 자라나니, 그러므로 대성인이 '억울함을 수행의 문으로 삼으라' 하셨느니라.

이와 같이 막히는 데서 도리어 통하고 통함을 구하는 데서 도리어 막히게 되나니, 여래께서는 이 장애 속에서 보리도를 얻었을 뿐 아니라 앙굴리마라와 제바달다의 무리가 반역의 짓을 하였는데도 그들에게 수기를 주고 교화하여 성불토록 하셨느니라.

어찌 저들의 거스름을 나의 순리로 삼지 않을 것이며, 저들의 훼방을 나의 성취로 삼지 않을 것인가.

평소에 장애를 생각해 보지 않으면 장애가 다다랐을 때 능히 이겨내지 못하여 법왕의 큰 보배를 잃게 되나니, 어찌 애석하고 슬프지 아니하랴!

원성취진언

옴 아모가 살바다라 사다야 시베 훔

참회진언 옴 살바못자 모지 사다야 사바하

1. 몸에 병 없기를 바라지 말라. 몸에 병이 없으면 탐욕이 생기기 쉽나니, 그러므로 대성인이 '병고로써 양약을 삼으라' 하셨느니라.

2. 세상살이에 고난 없기를 바라지 말라. 세상살이에 고난이 없으면 교만과 뽐내는 마음이 생기나니, 그러므로 대성인이 '환란으로써 해탈을 삼으라' 하셨느니라.

3. 마음공부에 장애 없기를 바라지 말라. 마음공부에 장애가 없으면 배움이 등급을 뛰어넘게 되나니, 그러므로 대성인이 '장애 속을 자유로이 거닐어라' 하셨느니라.

4. 수행하는 데 마 없기를 바라지 말라. 수행하는 데 마가 없으면 서원이 견고해지지 못하나니, 그러므로 대성인이 '마로써 수행을 돕는 벗을 삼으라' 하셨느니라.

5. 일을 꾀하되 쉽게 되기를 바라지 말라. 일이 쉽게 이루어지면 뜻이 가볍고 교만해지나니, 그러므로 대성인이 '일의 어려움을 안락으로 삼으라' 하셨느니라.

6. 정을 나누되 나에게 이롭기를 바라지 말라. 나의 이익을 바라며 정을 나누면 도의를 잃게 되나니, 그러므로 대성인이 '순결로써 밑거름을 삼으라' 하셨느니라.

7. 남이 내 뜻대로 순종해주기를 바라지 말라. 남이 내 뜻대로 순종하면 자긍심에 빠져드나니, 그러므로 대성인이 '거역하

는 이를 원림(園林: 수행처)으로 삼으라' 하셨느니라.

8. 덕(德)을 베풀되 보답을 바라지 말라. 보답을 바라게 되면 도모하는 생각을 가지게 되나니, 그러므로 대성인이 '베푼 덕을 헌 신짝처럼 버려라' 하셨느니라.

9. 이익을 분에 넘치게 바라지 말라. 이익을 바람이 분을 넘게 되면 어리석은 마음이 요동을 치나니, 그러므로 대성인이 '이익을 멀리함을 부귀로 삼으라' 하셨느니라.

10. 억울함을 당하여 자꾸 밝히려고 하지 말라. 억울함을 자꾸 밝히고자 하면 원망과 한이 무성하게 자라나니, 그러므로 대성인이 '억울함을 수행의 문으로 삼으라' 하셨느니라.

이와 같이 막히는 데서 도리어 통하고 통함을 구하는 데서 도리어 막히게 되나니, 여래께서는 이 장애 속에서 보리도를 얻었을 뿐 아니라 앙굴리마라와 제바달다의 무리가 반역의 짓을 하였는데도 그들에게 수기를 주고 교화하여 성불토록 하셨느니라.

어찌 저들의 거스름을 나의 순리로 삼지 않을 것이며, 저들의 훼방을 나의 성취로 삼지 않을 것인가.

평소에 장애를 생각해 보지 않으면 장애가 다다랐을 때 능히 이겨내지 못하여 법왕의 큰 보배를 잃게 되나니, 어찌 애석하고 슬프지 아니하랴!

원성취진언

옴 아모가 살바다라 사다야 시베 훔

참회진언 옴 살바못자 모지 사다야 사바하

1. 몸에 병 없기를 바라지 말라. 몸에 병이 없으면 탐욕이 생기기 쉽나니, 그러므로 대성인이 '병고로써 양약을 삼으라' 하셨느니라.

2. 세상살이에 고난 없기를 바라지 말라. 세상살이에 고난이 없으면 교만과 뽐내는 마음이 생기나니, 그러므로 대성인이 '환란으로써 해탈을 삼으라' 하셨느니라.

3. 마음공부에 장애 없기를 바라지 말라. 마음공부에 장애가 없으면 배움이 등급을 뛰어넘게 되나니, 그러므로 대성인이 '장애 속을 자유로이 거닐어라' 하셨느니라.

4. 수행하는 데 마 없기를 바라지 말라. 수행하는 데 마가 없으면 서원이 견고해지지 못하나니, 그러므로 대성인이 '마로써 수행을 돕는 벗을 삼으라' 하셨느니라.

5. 일을 꾀하되 쉽게 되기를 바라지 말라. 일이 쉽게 이루어지면 뜻이 가볍고 교만해지나니, 그러므로 대성인이 '일의 어려움을 안락으로 삼으라' 하셨느니라.

6. 정을 나누되 나에게 이롭기를 바라지 말라. 나의 이익을 바라며 정을 나누면 도의를 잃게 되나니, 그러므로 대성인이 '순결로써 밑거름을 삼으라' 하셨느니라.

7. 남이 내 뜻대로 순종해주기를 바라지 말라. 남이 내 뜻대로 순종하면 자긍심에 빠져드나니, 그러므로 대성인이 '거역하

는 이를 원림(園林: 수행처)으로 삼으라' 하셨느니라.

8. 덕(德)을 베풀되 보답을 바라지 말라. 보답을 바라게 되면 도모하는 생각을 가지게 되나니, 그러므로 대성인이 '베푼 덕을 헌신짝처럼 버려라' 하셨느니라.

9. 이익을 분에 넘치게 바라지 말라. 이익을 바람이 분을 넘게 되면 어리석은 마음이 요동을 치나니, 그러므로 대성인이 '이익을 멀리함을 부귀로 삼으라' 하셨느니라.

10. 억울함을 당하여 자꾸 밝히려고 하지 말라. 억울함을 자꾸 밝히고자 하면 원망과 한이 무성하게 자라나니, 그러므로 대성인이 '억울함을 수행의 문으로 삼으라'하셨느니라.

이와 같이 막히는 데서 도리어 통하고 통함을 구하는 데서 도리어 막히게 되나니, 여래께서는 이 장애 속에서 보리도를 얻었을 뿐 아니라 앙굴리마라와 제바달다의 무리가 반역의 짓을 하였는데도 그들에게 수기를 주고 교화하여 성불토록 하셨느니라.

어찌 저들의 거스름을 나의 순리로 삼지 않을 것이며, 저들의 훼방을 나의 성취로 삼지 않을 것인가.

평소에 장애를 생각해 보지 않으면 장애가 다다랐을 때 능히 이겨내지 못하여 법왕의 큰 보배를 잃게 되나니, 어찌 애석하고 슬프지 아니하랴!

원성취진언

옴 아모가 살바다라 사다야 시베 훔

寶 王 三 昧 論

보왕삼매론

참회진언 옴 살바못자 모지 사다야 사바하

1. 몸에 병 없기를 바라지 말라. 몸에 병이 없으면 탐욕이 생기기 쉽나니, 그러므로 대성인이 '병고로써 양약을 삼으라' 하셨느니라.

2. 세상살이에 고난 없기를 바라지 말라. 세상살이에 고난이 없으면 교만과 뽐내는 마음이 생기나니, 그러므로 대성인이 '환란으로써 해탈을 삼으라' 하셨느니라.

3. 마음공부에 장애 없기를 바라지 말라. 마음공부에 장애가 없으면 배움이 등급을 뛰어넘게 되나니, 그러므로 대성인이 '장애 속을 자유로이 거닐어라' 하셨느니라.

4. 수행하는 데 마 없기를 바라지 말라. 수행하는 데 마가 없으면 서원이 견고해지지 못하나니, 그러므로 대성인이 '마로써 수행을 돕는 벗을 삼으라' 하셨느니라.

5. 일을 꾀하되 쉽게 되기를 바라지 말라. 일이 쉽게 이루어지면 뜻이 가볍고 교만해지나니, 그러므로 대성인이 '일의 어려움을 안락으로 삼으라' 하셨느니라.

6. 정을 나누되 나에게 이롭기를 바라지 말라. 나의 이익을 바라며 정을 나누면 도의를 잃게 되나니, 그러므로 대성인이 '순결로써 밑거름을 삼으라' 하셨느니라.

7. 남이 내 뜻대로 순종해주기를 바라지 말라. 남이 내 뜻대로 순종하면 자긍심에 빠져드나니, 그러므로 대성인이 '거역하

는 이를 원림(園林: 수행처)으로 삼으라' 하셨느니라.

8. 덕(德)을 베풀되 보답을 바라지 말라. 보답을 바라게 되면 도모하는 생각을 가지게 되나니, 그러므로 대성인이 '베푼 덕을 헌신짝처럼 버려라' 하셨느니라.

9. 이익을 분에 넘치게 바라지 말라. 이익을 바람이 분을 넘게 되면 어리석은 마음이 요동을 치나니, 그러므로 대성인이 '이익을 멀리함을 부귀로 삼으라' 하셨느니라.

10. 억울함을 당하여 자꾸 밝히려고 하지 말라. 억울함을 자꾸 밝히고자 하면 원망과 한이 무성하게 자라나니, 그러므로 대성인이 '억울함을 수행의 문으로 삼으라' 하셨느니라.

이와 같이 막히는 데서 도리어 통하고 통함을 구하는 데서 도리어 막히게 되나니, 여래께서는 이 장애 속에서 보리도를 얻었을 뿐 아니라 앙굴리마라와 제바달다의 무리가 반역의 짓을 하였는데도 그들에게 수기를 주고 교화하여 성불토록 하셨느니라.

어찌 저들의 거스름을 나의 순리로 삼지 않을 것이며, 저들의 훼방을 나의 성취로 삼지 않을 것인가.

평소에 장애를 생각해 보지 않으면 장애가 다다랐을 때 능히 이겨내지 못하여 법왕의 큰 보배를 잃게 되나니, 어찌 애석하고 슬프지 아니하랴!

원성취진언

옴 아모가 살바다라 사다야 시베 훔

참회진언 옴 살바못자 모지 사다야 사바하

1. 몸에 병 없기를 바라지 말라. 몸에 병이 없으면 탐욕이 생기기 쉽나니, 그러므로 대성인이 '병고로써 양약을 삼으라' 하셨느니라.

2. 세상살이에 고난 없기를 바라지 말라. 세상살이에 고난이 없으면 교만과 뽐내는 마음이 생기나니, 그러므로 대성인이 '환란으로써 해탈을 삼으라' 하셨느니라.

3. 마음공부에 장애 없기를 바라지 말라. 마음공부에 장애가 없으면 배움이 등급을 뛰어넘게 되나니, 그러므로 대성인이 '장애 속을 자유로이 거닐어라' 하셨느니라.

4. 수행하는 데 마 없기를 바라지 말라. 수행하는 데 마가 없으면 서원이 견고해지지 못하나니, 그러므로 대성인이 '마로써 수행을 돕는 벗을 삼으라' 하셨느니라.

5. 일을 꾀하되 쉽게 되기를 바라지 말라. 일이 쉽게 이루어지면 뜻이 가볍고 교만해지나니, 그러므로 대성인이 '일의 어려움을 안락으로 삼으라' 하셨느니라.

6. 정을 나누되 나에게 이롭기를 바라지 말라. 나의 이익을 바라며 정을 나누면 도의를 잃게 되나니, 그러므로 대성인이 '순결로써 밑거름을 삼으라' 하셨느니라.

7. 남이 내 뜻대로 순종해주기를 바라지 말라. 남이 내 뜻대로 순종하면 자긍심에 빠져드나니, 그러므로 대성인이 '거역하

는 이를 원림(園林: 수행처)으로 삼으라' 하셨느니라.

8. 덕(德)을 베풀되 보답을 바라지 말라. 보답을 바라게 되면 도모하는 생각을 가지게 되나니, 그러므로 대성인이 '베푼 덕을 헌 신짝처럼 버려라' 하셨느니라.

9. 이익을 분에 넘치게 바라지 말라. 이익을 바람이 분을 넘게 되면 어리석은 마음이 요동을 치나니, 그러므로 대성인이 '이익을 멀리함을 부귀로 삼으라' 하셨느니라.

10. 억울함을 당하여 자꾸 밝히려고 하지 말라. 억울함을 자꾸 밝히고자 하면 원망과 한이 무성하게 자라나니, 그러므로 대성인이 '억울함을 수행의 문으로 삼으라'하셨느니라.

이와 같이 막히는 데서 도리어 통하고 통함을 구하는 데서 도리어 막히게 되나니, 여래께서는 이 장애 속에서 보리도를 얻었을 뿐 아니라 앙굴리마라와 제바달다의 무리가 반역의 짓을 하였는데도 그들에게 수기를 주고 교화하여 성불토록 하셨느니라.

어찌 저들의 거스름을 나의 순리로 삼지 않을 것이며, 저들의 훼방을 나의 성취로 삼지 않을 것인가.

평소에 장애를 생각해 보지 않으면 장애가 다다랐을 때 능히 이겨내지 못하여 법왕의 큰 보배를 잃게 되나니, 어찌 애석하고 슬프지 아니하랴!

원성취진언

옴 아모가 살바다라 사다야 시베 훔

참회진언 옴 살바못자 모지 사다야 사바하

1. 몸에 병 없기를 바라지 말라. 몸에 병이 없으면 탐욕이 생기기 쉽나니, 그러므로 대성인이 '병고로써 양약을 삼으라' 하셨느니라.

2. 세상살이에 고난 없기를 바라지 말라. 세상살이에 고난이 없으면 교만과 뽐내는 마음이 생기나니, 그러므로 대성인이 '환란으로써 해탈을 삼으라' 하셨느니라.

3. 마음공부에 장애 없기를 바라지 말라. 마음공부에 장애가 없으면 배움이 등급을 뛰어넘게 되나니, 그러므로 대성인이 '장애 속을 자유로이 거닐어라' 하셨느니라.

4. 수행하는 데 마 없기를 바라지 말라. 수행하는 데 마가 없으면 서원이 견고해지지 못하나니, 그러므로 대성인이 '마로써 수행을 돕는 벗을 삼으라' 하셨느니라.

5. 일을 꾀하되 쉽게 되기를 바라지 말라. 일이 쉽게 이루어지면 뜻이 가볍고 교만해지나니, 그러므로 대성인이 '일의 어려움을 안락으로 삼으라' 하셨느니라.

6. 정을 나누되 나에게 이롭기를 바라지 말라. 나의 이익을 바라며 정을 나누면 도의를 잃게 되나니, 그러므로 대성인이 '순결로써 밑거름을 삼으라' 하셨느니라.

7. 남이 내 뜻대로 순종해주기를 바라지 말라. 남이 내 뜻대로 순종하면 자긍심에 빠져드나니, 그러므로 대성인이 '거역하

는 이를 원림(園林: 수행처)으로 삼으라' 하셨느니라.

8. 덕(德)을 베풀되 보답을 바라지 말라. 보답을 바라게 되면 도모하는 생각을 가지게 되나니, 그러므로 대성인이 '베푼 덕을 헌신짝처럼 버려라' 하셨느니라.

9. 이익을 분에 넘치게 바라지 말라. 이익을 바람이 분을 넘게 되면 어리석은 마음이 요동을 치나니, 그러므로 대성인이 '이익을 멀리함을 부귀로 삼으라' 하셨느니라.

10. 억울함을 당하여 자꾸 밝히려고 하지 말라. 억울함을 자꾸 밝히고자 하면 원망과 한이 무성하게 자라나니, 그러므로 대성인이 '억울함을 수행의 문으로 삼으라'하셨느니라.

이와 같이 막히는 데서 도리어 통하고 통함을 구하는 데서 도리어 막히게 되나니, 여래께서는 이 장애 속에서 보리도를 얻었을 뿐 아니라 앙굴리마라와 제바달다의 무리가 반역의 짓을 하였는데도 그들에게 수기를 주고 교화하여 성불토록 하셨느니라.

어찌 저들의 거스름을 나의 순리로 삼지 않을 것이며, 저들의 훼방을 나의 성취로 삼지 않을 것인가.

평소에 장애를 생각해 보지 않으면 장애가 다다랐을 때 능히 이겨내지 못하여 법왕의 큰 보배를 잃게 되나니, 어찌 애석하고 슬프지 아니하랴!

원성취진언

옴 아모가 살바다라 사다야 시베 훔

보왕삼매론 제 권 제21회 사경 불기 25 년 월 일

참회진언 옴 살바못자 모지 사다야 사바하

1. 몸에 병 없기를 바라지 말라. 몸에 병이 없으면 탐욕이 생기기 쉽나니, 그러므로 대성인이 '병고로써 양약을 삼으라' 하셨느니라.

2. 세상살이에 고난 없기를 바라지 말라. 세상살이에 고난이 없으면 교만과 뽐내는 마음이 생기나니, 그러므로 대성인이 '환란으로써 해탈을 삼으라' 하셨느니라.

3. 마음공부에 장애 없기를 바라지 말라. 마음공부에 장애가 없으면 배움이 등급을 뛰어넘게 되나니, 그러므로 대성인이 '장애 속을 자유로이 거닐어라' 하셨느니라.

4. 수행하는 데 마 없기를 바라지 말라. 수행하는 데 마가 없으면 서원이 견고해지지 못하나니, 그러므로 대성인이 '마로써 수행을 돕는 벗을 삼으라' 하셨느니라.

5. 일을 꾀하되 쉽게 되기를 바라지 말라. 일이 쉽게 이루어지면 뜻이 가볍고 교만해지나니, 그러므로 대성인이 '일의 어려움을 안락으로 삼으라' 하셨느니라.

6. 정을 나누되 나에게 이롭기를 바라지 말라. 나의 이익을 바라며 정을 나누면 도의를 잃게 되나니, 그러므로 대성인이 '순결로써 밑거름을 삼으라' 하셨느니라.

7. 남이 내 뜻대로 순종해주기를 바라지 말라. 남이 내 뜻대로 순종하면 자긍심에 빠져드나니, 그러므로 대성인이 '거역하

는 이를 원림(園林: 수행처)으로 삼으라' 하셨느니라.

8. 덕(德)을 베풀되 보답을 바라지 말라. 보답을 바라게 되면 도모하는 생각을 가지게 되나니, 그러므로 대성인이 '베푼 덕을 헌신짝처럼 버려라' 하셨느니라.

9. 이익을 분에 넘치게 바라지 말라. 이익을 바람이 분을 넘게 되면 어리석은 마음이 요동을 치나니, 그러므로 대성인이 '이익을 멀리함을 부귀로 삼으라' 하셨느니라.

10. 억울함을 당하여 자꾸 밝히려고 하지 말라. 억울함을 자꾸 밝히고자 하면 원망과 한이 무성하게 자라나니, 그러므로 대성인이 '억울함을 수행의 문으로 삼으라'하셨느니라.

이와 같이 막히는 데서 도리어 통하고 통함을 구하는 데서 도리어 막히게 되나니, 여래께서는 이 장애 속에서 보리도를 얻었을 뿐 아니라 앙굴리마라와 제바달다의 무리가 반역의 짓을 하였는데도 그들에게 수기를 주고 교화하여 성불토록 하셨느니라.

어찌 저들의 거스름을 나의 순리로 삼지 않을 것이며, 저들의 훼방을 나의 성취로 삼지 않을 것인가.

평소에 장애를 생각해 보지 않으면 장애가 다다랐을 때 능히 이겨내지 못하여 법왕의 큰 보배를 잃게 되나니, 어찌 애석하고 슬프지 아니하랴!

원성취진언

옴 아모가 살바다라 사다야 시베 훔

참회진언 옴 살바못자 모지 사다야 사바하

1. 몸에 병 없기를 바라지 말라. 몸에 병이 없으면 탐욕이 생기기 쉽나니, 그러므로 대성인이 '병고로써 양약을 삼으라' 하셨느니라.

2. 세상살이에 고난 없기를 바라지 말라. 세상살이에 고난이 없으면 교만과 뽐내는 마음이 생기나니, 그러므로 대성인이 '환란으로써 해탈을 삼으라' 하셨느니라.

3. 마음공부에 장애 없기를 바라지 말라. 마음공부에 장애가 없으면 배움이 등급을 뛰어넘게 되나니, 그러므로 대성인이 '장애 속을 자유로이 거닐어라' 하셨느니라.

4. 수행하는 데 마 없기를 바라지 말라. 수행하는 데 마가 없으면 서원이 견고해지지 못하나니, 그러므로 대성인이 '마로써 수행을 돕는 벗을 삼으라' 하셨느니라.

5. 일을 꾀하되 쉽게 되기를 바라지 말라. 일이 쉽게 이루어지면 뜻이 가볍고 교만해지나니, 그러므로 대성인이 '일의 어려움을 안락으로 삼으라' 하셨느니라.

6. 정을 나누되 나에게 이롭기를 바라지 말라. 나의 이익을 바라며 정을 나누면 도의를 잃게 되나니, 그러므로 대성인이 '순결로써 밑거름을 삼으라' 하셨느니라.

7. 남이 내 뜻대로 순종해주기를 바라지 말라. 남이 내 뜻대로 순종하면 자긍심에 빠져드나니, 그러므로 대성인이 '거역하

는 이를 원림(園林: 수행처)으로 삼으라' 하셨느니라.

8. 덕(德)을 베풀되 보답을 바라지 말라. 보답을 바라게 되면 도모하는 생각을 가지게 되나니, 그러므로 대성인이 '베푼 덕을 헌 신짝처럼 버려라' 하셨느니라.

9. 이익을 분에 넘치게 바라지 말라. 이익을 바람이 분을 넘게 되면 어리석은 마음이 요동을 치나니, 그러므로 대성인이 '이익을 멀리함을 부귀로 삼으라' 하셨느니라.

10. 억울함을 당하여 자꾸 밝히려고 하지 말라. 억울함을 자꾸 밝히고자 하면 원망과 한이 무성하게 자라나니, 그러므로 대성인이 '억울함을 수행의 문으로 삼으라' 하셨느니라.

이와 같이 막히는 데서 도리어 통하고 통함을 구하는 데서 도리어 막히게 되나니, 여래께서는 이 장애 속에서 보리도를 얻었을 뿐 아니라 앙굴리마라와 제바달다의 무리가 반역의 짓을 하였는데도 그들에게 수기를 주고 교화하여 성불토록 하셨느니라.

어찌 저들의 거스름을 나의 순리로 삼지 않을 것이며, 저들의 훼방을 나의 성취로 삼지 않을 것인가.

평소에 장애를 생각해 보지 않으면 장애가 다다랐을 때 능히 이겨내지 못하여 법왕의 큰 보배를 잃게 되나니, 어찌 애석하고 슬프지 아니하랴!

원성취진언

옴 아모가 살바다라 사다야 시베 훔

참회진언 옴 살바못자 모지 사다야 사바하

1. 몸에 병 없기를 바라지 말라. 몸에 병이 없으면 탐욕이 생기기 쉽나니, 그러므로 대성인이 '병고로써 양약을 삼으라' 하셨느니라.

2. 세상살이에 고난 없기를 바라지 말라. 세상살이에 고난이 없으면 교만과 뽐내는 마음이 생기나니, 그러므로 대성인이 '환란으로써 해탈을 삼으라' 하셨느니라.

3. 마음공부에 장애 없기를 바라지 말라. 마음공부에 장애가 없으면 배움이 등급을 뛰어넘게 되나니, 그러므로 대성인이 '장애 속을 자유로이 거닐어라' 하셨느니라.

4. 수행하는 데 마 없기를 바라지 말라. 수행하는 데 마가 없으면 서원이 견고해지지 못하나니, 그러므로 대성인이 '마로써 수행을 돕는 벗을 삼으라' 하셨느니라.

5. 일을 꾀하되 쉽게 되기를 바라지 말라. 일이 쉽게 이루어지면 뜻이 가볍고 교만해지나니, 그러므로 대성인이 '일의 어려움을 안락으로 삼으라' 하셨느니라.

6. 정을 나누되 나에게 이롭기를 바라지 말라. 나의 이익을 바라며 정을 나누면 도의를 잃게 되나니, 그러므로 대성인이 '순결로써 밑거름을 삼으라' 하셨느니라.

7. 남이 내 뜻대로 순종해주기를 바라지 말라. 남이 내 뜻대로 순종하면 자긍심에 빠져드나니, 그러므로 대성인이 '거역하

는 이를 원림(園林: 수행처)으로 삼으라' 하셨느니라.

8. 덕(德)을 베풀되 보답을 바라지 말라. 보답을 바라게 되면 도모하는 생각을 가지게 되나니, 그러므로 대성인이 '베푼 덕을 헌신짝처럼 버려라' 하셨느니라.

9. 이익을 분에 넘치게 바라지 말라. 이익을 바람이 분을 넘게 되면 어리석은 마음이 요동을 치나니, 그러므로 대성인이 '이익을 멀리함을 부귀로 삼으라' 하셨느니라.

10. 억울함을 당하여 자꾸 밝히려고 하지 말라. 억울함을 자꾸 밝히고자 하면 원망과 한이 무성하게 자라나니, 그러므로 대성인이 '억울함을 수행의 문으로 삼으라' 하셨느니라.

이와 같이 막히는 데서 도리어 통하고 통함을 구하는 데서 도리어 막히게 되나니, 여래께서는 이 장애 속에서 보리도를 얻었을 뿐 아니라 앙굴리마라와 제바달다의 무리가 반역의 짓을 하였는데도 그들에게 수기를 주고 교화하여 성불토록 하셨느니라.

어찌 저들의 거스름을 나의 순리로 삼지 않을 것이며, 저들의 훼방을 나의 성취로 삼지 않을 것인가.

평소에 장애를 생각해 보지 않으면 장애가 다다랐을 때 능히 이겨내지 못하여 법왕의 큰 보배를 잃게 되나니, 어찌 애석하고 슬프지 아니하랴!

원성취진언

옴 아모가 살바다라 사다야 시베 훔

참회진언 옴 살바못자 모지 사다야 사바하

1. 몸에 병 없기를 바라지 말라. 몸에 병이 없으면 탐욕이 생기기 쉽나니, 그러므로 대성인이 '병고로써 양약을 삼으라' 하셨느니라.

2. 세상살이에 고난 없기를 바라지 말라. 세상살이에 고난이 없으면 교만과 뽐내는 마음이 생기나니, 그러므로 대성인이 '환란으로써 해탈을 삼으라' 하셨느니라.

3. 마음공부에 장애 없기를 바라지 말라. 마음공부에 장애가 없으면 배움이 등급을 뛰어넘게 되나니, 그러므로 대성인이 '장애 속을 자유로이 거닐어라' 하셨느니라.

4. 수행하는 데 마 없기를 바라지 말라. 수행하는 데 마가 없으면 서원이 견고해지지 못하나니, 그러므로 대성인이 '마로써 수행을 돕는 벗을 삼으라' 하셨느니라.

5. 일을 꾀하되 쉽게 되기를 바라지 말라. 일이 쉽게 이루어지면 뜻이 가볍고 교만해지나니, 그러므로 대성인이 '일의 어려움을 안락으로 삼으라' 하셨느니라.

6. 정을 나누되 나에게 이롭기를 바라지 말라. 나의 이익을 바라며 정을 나누면 도의를 잃게 되나니, 그러므로 대성인이 '순결로써 밑거름을 삼으라' 하셨느니라.

7. 남이 내 뜻대로 순종해주기를 바라지 말라. 남이 내 뜻대로 순종하면 자긍심에 빠져드나니, 그러므로 대성인이 '거역하

는 이를 원림(園林: 수행처)으로 삼으라' 하셨느니라.

8. 덕(德)을 베풀되 보답을 바라지 말라. 보답을 바라게 되면 도모하는 생각을 가지게 되나니, 그러므로 대성인이 '베푼 덕을 헌신짝처럼 버려라' 하셨느니라.

9. 이익을 분에 넘치게 바라지 말라. 이익을 바람이 분을 넘게 되면 어리석은 마음이 요동을 치나니, 그러므로 대성인이 '이익을 멀리함을 부귀로 삼으라' 하셨느니라.

10. 억울함을 당하여 자꾸 밝히려고 하지 말라. 억울함을 자꾸 밝히고자 하면 원망과 한이 무성하게 자라나니, 그러므로 대성인이 '억울함을 수행의 문으로 삼으라'하셨느니라.

이와 같이 막히는 데서 도리어 통하고 통함을 구하는 데서 도리어 막히게 되나니, 여래께서는 이 장애 속에서 보리도를 얻었을 뿐 아니라 앙굴리마라와 제바달다의 무리가 반역의 짓을 하였는데도 그들에게 수기를 주고 교화하여 성불토록 하셨느니라.

어찌 저들의 거스름을 나의 순리로 삼지 않을 것이며, 저들의 훼방을 나의 성취로 삼지 않을 것인가.

평소에 장애를 생각해 보지 않으면 장애가 다다랐을 때 능히 이겨내지 못하여 법왕의 큰 보배를 잃게 되나니, 어찌 애석하고 슬프지 아니하랴!

원성취진언

옴 아모가 살바다라 사다야 시베 훔

참회진언 옴 살바못자 모지 사다야 사바하

1. 몸에 병 없기를 바라지 말라. 몸에 병이 없으면 탐욕이 생기기 쉽나니, 그러므로 대성인이 '병고로써 양약을 삼으라' 하셨느니라.

2. 세상살이에 고난 없기를 바라지 말라. 세상살이에 고난이 없으면 교만과 뽐내는 마음이 생기나니, 그러므로 대성인이 '환란으로써 해탈을 삼으라' 하셨느니라.

3. 마음공부에 장애 없기를 바라지 말라. 마음공부에 장애가 없으면 배움이 등급을 뛰어넘게 되나니, 그러므로 대성인이 '장애 속을 자유로이 거닐어라' 하셨느니라.

4. 수행하는 데 마 없기를 바라지 말라. 수행하는 데 마가 없으면 서원이 견고해지지 못하나니, 그러므로 대성인이 '마로써 수행을 돕는 벗을 삼으라' 하셨느니라.

5. 일을 꾀하되 쉽게 되기를 바라지 말라. 일이 쉽게 이루어지면 뜻이 가볍고 교만해지나니, 그러므로 대성인이 '일의 어려움을 안락으로 삼으라' 하셨느니라.

6. 정을 나누되 나에게 이롭기를 바라지 말라. 나의 이익을 바라며 정을 나누면 도의를 잃게 되나니, 그러므로 대성인이 '순결로써 밑거름을 삼으라' 하셨느니라.

7. 남이 내 뜻대로 순종해주기를 바라지 말라. 남이 내 뜻대로 순종하면 자긍심에 빠져드나니, 그러므로 대성인이 '거역하

는 이를 원림(園林: 수행처)으로 삼으라' 하셨느니라.

8. 덕(德)을 베풀되 보답을 바라지 말라. 보답을 바라게 되면 도모하는 생각을 가지게 되나니, 그러므로 대성인이 '베푼 덕을 헌신짝처럼 버려라' 하셨느니라.

9. 이익을 분에 넘치게 바라지 말라. 이익을 바람이 분을 넘게 되면 어리석은 마음이 요동을 치나니, 그러므로 대성인이 '이익을 멀리함을 부귀로 삼으라' 하셨느니라.

10. 억울함을 당하여 자꾸 밝히려고 하지 말라. 억울함을 자꾸 밝히고자 하면 원망과 한이 무성하게 자라나니, 그러므로 대성인이 '억울함을 수행의 문으로 삼으라'하셨느니라.

이와 같이 막히는 데서 도리어 통하고 통함을 구하는 데서 도리어 막히게 되나니, 여래께서는 이 장애 속에서 보리도를 얻었을 뿐 아니라 앙굴리마라와 제바달다의 무리가 반역의 짓을 하였는데도 그들에게 수기를 주고 교화하여 성불토록 하셨느니라.

어찌 저들의 거스름을 나의 순리로 삼지 않을 것이며, 저들의 훼방을 나의 성취로 삼지 않을 것인가.

평소에 장애를 생각해 보지 않으면 장애가 다다랐을 때 능히 이겨내지 못하여 법왕의 큰 보배를 잃게 되나니, 어찌 애석하고 슬프지 아니하랴!

원성취진언

옴 아모가 살바다라 사다야 시베 훔

寶王三昧論

보왕삼매론

참회진언 옴 살바못자 모지 사다야 사바하

1. 몸에 병 없기를 바라지 말라. 몸에 병이 없으면 탐욕이 생기기 쉽나니, 그러므로 대성인이 '병고로써 양약을 삼으라' 하셨느니라.

2. 세상살이에 고난 없기를 바라지 말라. 세상살이에 고난이 없으면 교만과 뽐내는 마음이 생기나니, 그러므로 대성인이 '환란으로써 해탈을 삼으라' 하셨느니라.

3. 마음공부에 장애 없기를 바라지 말라. 마음공부에 장애가 없으면 배움이 등급을 뛰어넘게 되나니, 그러므로 대성인이 '장애 속을 자유로이 거닐어라' 하셨느니라.

4. 수행하는 데 마 없기를 바라지 말라. 수행하는 데 마가 없으면 서원이 견고해지지 못하나니, 그러므로 대성인이 '마로써 수행을 돕는 벗을 삼으라' 하셨느니라.

5. 일을 꾀하되 쉽게 되기를 바라지 말라. 일이 쉽게 이루어지면 뜻이 가볍고 교만해지나니, 그러므로 대성인이 '일의 어려움을 안락으로 삼으라' 하셨느니라.

6. 정을 나누되 나에게 이롭기를 바라지 말라. 나의 이익을 바라며 정을 나누면 도의를 잃게 되나니, 그러므로 대성인이 '순결로써 밑거름을 삼으라' 하셨느니라.

7. 남이 내 뜻대로 순종해주기를 바라지 말라. 남이 내 뜻대로 순종하면 자긍심에 빠져드나니, 그러므로 대성인이 '거역하

는 이를 원림(園林: 수행처)으로 삼으라' 하셨느니라.

8. 덕(德)을 베풀되 보답을 바라지 말라. 보답을 바라게 되면 도모하는 생각을 가지게 되나니, 그러므로 대성인이 '베푼 덕을 헌신짝처럼 버려라' 하셨느니라.

9. 이익을 분에 넘치게 바라지 말라. 이익을 바람이 분을 넘게 되면 어리석은 마음이 요동을 치나니, 그러므로 대성인이 '이익을 멀리함을 부귀로 삼으라' 하셨느니라.

10. 억울함을 당하여 자꾸 밝히려고 하지 말라. 억울함을 자꾸 밝히고자 하면 원망과 한이 무성하게 자라나니, 그러므로 대성인이 '억울함을 수행의 문으로 삼으라' 하셨느니라.

이와 같이 막히는 데서 도리어 통하고 통함을 구하는 데서 도리어 막히게 되나니, 여래께서는 이 장애 속에서 보리도를 얻었을 뿐 아니라 앙굴리마라와 제바달다의 무리가 반역의 짓을 하였는데도 그들에게 수기를 주고 교화하여 성불토록 하셨느니라.

어찌 저들의 거스름을 나의 순리로 삼지 않을 것이며, 저들의 훼방을 나의 성취로 삼지 않을 것인가.

평소에 장애를 생각해 보지 않으면 장애가 다다랐을 때 능히 이겨내지 못하여 법왕의 큰 보배를 잃게 되나니, 어찌 애석하고 슬프지 아니하랴!

원성취진언

옴 아모가 살바다라 사다야 시베 훔

생활 속의 보왕삼매론 / 김현준 신국판 240쪽 7,000원

불자들이 즐겨 독송하는 『보왕삼매론』을 해설한 이 책은 병고해탈, 고난퇴치, 마음공부와 마장극복, 일의 성취, 참사랑의 원리, 인연 다스리기, 공덕 쌓는 법, 이익과 부귀, 억울함의 승화 등 누구나 인생살이에서 겪게 되는 문제와 장애들을 속시원하게 뚫어주고 있습니다.

보왕삼매론 사경

초 판 1쇄 펴낸날 2016년 12월 13일(초판 2쇄 발행)
개정판 1쇄 펴낸날 2019년 7월 15일(전체 내용 개정)
2쇄 펴낸날 2021년 2월 16일

엮은이 김현준
펴낸이 김연수
고 문 김현준

펴낸곳 새벽숲
등록일 2009년 12월 28일(제321-2009-000242호)
주 소 서울특별시 서초구 반포대로14길 30, 906호(서초동, 센츄리I)
전 화 02-582-6612, 587-6612
팩 스 02-586-9078
이메일 hyorim@nate.com

값 4,000원

ISBN 979-11-87459-02-6 13220

새벽숲은 효림출판사의 자매회사입니다(새벽숲은 曉林의 한글풀이).